# 1. 表示・標識の用語

| | |
|---|---|
| ※  | Tachiiri kinshi<br>たちいりきんし<br>**立入禁止** |
| 英語 | Keep Out |
| タイ語 | ห้ามเข้า |
| インドネシア語 | Dil... |
| タガログ語 | B... |
| クメール語 | ហ... |

JN225978

| | |
|---|---|
| ※  | Kaki genkin<br>かきげんきん<br>**火気厳禁** |
| 英語 | Highly Flammable |
| タイ語 | ห้ามใช้ไฟ |
| インドネシア語 | Dilarang menyalakan api |
| タガログ語 | Mahigpit na ipinagbabawal ang bagay na mapagmumulan ng apoy |
| クメール語 | ហាមនៅជិតកម្ដៅភ្លើង |

# I. 表示・標識の用語

| ※ | Unten kinshi / kidô kinshi<br>うんてんきんし／きどうきんし<br>**運転禁止／起動禁止** |
|---|---|
| 英語 | Operation prohibited / Do not turn on |
| タイ語 | ห้ามขับเคลื่อน/ห้ามเปิดใช้งาน |
| インドネシア語 | Dilarang mengoperasikan |
| タガログ語 | Bawal patakbuhin / Bawal paandarin |
| クメール語 | ហាមបើកបញ្ជា/ហាមបើកដំណើរការ |

| ※ | tsûkô kinshi<br>つうこうきんし<br>**通行禁止** |
|---|---|
| 英語 | No Thoroughfare |
| タイ語 | ห้ามผ่าน |
| インドネシア語 | Dilarang lewat |
| タガログ語 | Bawal dumaan |
| クメール語 | ហាមឆ្លងកាត់ |

|  | Kaihô genkin<br>かいほうげんきん<br>**開放厳禁** |
|---|---|
| 英語 | Keep closed |
| タイ語 | ห้ามเปิดทิ้งไว้ |
| インドネシア語 | Pintu harus ditutup |
| タガログ語 | Mahigpit na ipinagbabawal ang pag-iwang nakabukas |
| クメール語 | បាមបើកចំហ |

|  | Dosoku genkin<br>どそくげんきん<br>**土足厳禁** |
|---|---|
| 英語 | Street shoes strictly prohibited |
| タイ語 | ห้ามสวมรองเท้าใส่ข้างนอกเข้ามา |
| インドネシア語 | Dilarang pakai sepatu |
| タガログ語 | Mahigpit na ipinagbabawal ang panlabas na sapatos |
| クメール語 | បាមពាក់ស្បែកជើង |

# Ⅰ. 表示・標識の用語

| ※  | Shôkô kinshi<br>しょうこうきんし<br>**昇降禁止** | |
|---|---|---|
| 英語 | Ascent/Descent Prohibited | |
| タイ語 | ห้ามขึ้นลง | |
| インドネシア語 | Dilarang naik/turun | |
| タガログ語 | Bawal umakyat o bumaba | |
| クメール語 | ហាមចុះឡើង | |

| ※ | Tebukurochakuyô kinshi<br>てぶくろちゃくようきんし<br>**手袋着用禁止** | |
|---|---|---|
| 英語 | Gloves Prohibited | |
| タイ語 | ห้ามสวมถุงมือ | |
| インドネシア語 | Dilarang pakai sarung tangan | |
| タガログ語 | Bawal magsuot ng guwantes | |
| クメール語 | ហាមពាក់ស្រោមដៃ | |

|  ※ | Sawaruna<br>さ わ る な<br>**触るな** |
|---|---|
| 英語 | Do not touch |
| タイ語 | ห้ามจับ |
| インドネシア語 | Dilarang menyentuh |
| タガログ語 | Huwag hawakan |
| クメール語 | ហាមប៉ះពាល់ |

|  | Teo ireruna<br>て を い れ る な<br>**手を入れるな** |
|---|---|
| 英語 | Do not put hands in |
| タイ語 | ห้ามแหย่มือเข้าไป |
| インドネシア語 | Dilarang memasukkan tangan |
| タガログ語 | Huwag ipasok ang kamay |
| クメール語 | ហាមដាក់ដៃចូល |

# Ⅰ. 表示・標識の用語

<table>
<tr>
<td rowspan="6"></td>
<td colspan="2">Hashiruna<br>はしるな<br>**走るな**</td>
</tr>
<tr><td>英語</td><td>Do not run</td></tr>
<tr><td>タイ語</td><td>ห้ามวิ่ง</td></tr>
<tr><td>インドネシア語</td><td>Dilarang lari</td></tr>
<tr><td>タガログ語</td><td>Huwag tumakbo</td></tr>
<tr><td>クメール語</td><td>ហាមរត់</td></tr>
</table>

| | Noseruna のせるな **載せるな** | |
|---|---|---|
| 英語 | Do not place objects | |
| タイ語 | ห้ามวางสิ่งของด้านบน | |
| インドネシア語 | Jangan menaruh benda | |
| タガログ語 | Huwag patungan | |
| クメール語 | ហាមដាក់វត្ថុ | |

|  | Kiken<br>きけん<br>**危険** |
|---|---|
| 英語 | Warning |
| タイ語 | อันตราย |
| インドネシア語 | Bahaya |
| タガログ語 | Babala |
| クメール語 | គ្រោះថ្នាក់ |

|  | Kôon chûi<br>こうおんちゅうい<br>**高温注意** |
|---|---|
| 英語 | Hot, do not touch |
| タイ語 | ระวังร้อน |
| インドネシア語 | Awas panas |
| タガログ語 | Mag-ingat sa mataas na temperatura |
| クメール語 | ប្រយ័ត្នក្ដៅ |

# Ⅰ. 表示・標識の用語

<table>
<tr><td rowspan="1">※ </td><td>Ashimoto chûi<br>あしもとちゅうい<br>**足元注意**</td></tr>
</table>

| 英語 | Watch your step |
| --- | --- |
| タイ語 | ระวังสะดุด |
| インドネシア語 | Awas kaki |
| タガログ語 | Mag-ingat sa paghakbang |
| クメール語 | ប្រយ័ត្នជំហានខាងមុខ |

<table>
<tr><td>※</td><td>Zujo chûi<br>ずじょうちゅうい<br>**頭上注意**</td></tr>
</table>

| 英語 | Watch your head |
| --- | --- |
| タイ語 | ระวังศีรษะ |
| インドネシア語 | Awas kepala |
| タガログ語 | Mag-ingat sa ulo |
| クメール語 | ប្រយ័ត្នលើក្បាល |

|  | Dansa chûi<br>だんさちゅうい<br>**段差注意** |
|---|---|
| 英語 | Mind the gap |
| タイ語 | 17. ระวังพื้นต่างระดับ |
| インドネシア語 | Awas tangga |
| タガログ語 | Mag-ingat sa hindi patag na daan |
| クメール語 | ប្រយ័ត្នឧបសគ្គខាងមុខ |

|  | Kaihei chûi<br>かいへいちゅうい<br>**開閉注意** |
|---|---|
| 英語 | Open with care |
| タイ語 | ระวังเวลาเปิดปิด |
| インドネシア語 | Buka/tutup dengan hati-hati |
| タガログ語 | Mag-ingat sa pagbukas at pagsara |
| クメール語 | ប្រយ័ត្នពេលបើកបិទ |

# I. 表示・標識の用語

<table>
<tr><td rowspan="2">※ </td><td>Kanden chûi<br>かんでんちゅうい<br>**感電注意**</td></tr>
</table>

| | |
|---|---|
| 英語 | Electrical Hazard |
| タイ語 | ระวังไฟฟ้าช็อต |
| インドネシア語 | Awas setrum |
| タガログ語 | Mag-ingat: nakakakuryente |
| クメール語 | ប្រយ័ត្នឆក់អគ្គីសនី |

|  | Kaikoubu chûi<br>かいこうぶちゅうい<br>**開口部注意** |
|---|---|
| 英語 | Take care around opening |
| タイ語 | ระวังพื้นที่เปิดโล่งบนพื้น |
| インドネシア語 | Awas bagian terbuka |
| タガログ語 | Mag-ingat sa siwang |
| クメール語 | ប្រយ័ត្នរណ្តៅ |

| | Tenkenchû<br>てんけんちゅう<br>**点検中** |
|---|---|
| **英語** | Under Inspection |
| **タイ語** | กำลังตรวจสอบ |
| **インドネシア語** | Sedang inspeksi |
| **タガログ語** | Iniinspeksyon |
| **クメール語** | កំពុងត្រួតពិនិត្យ |

| | Shûrichû<br>しゅうりちゅう<br>**修理中** |
|---|---|
| **英語** | Under Repair |
| **タイ語** | กำลังซ่อมแซม |
| **インドネシア語** | Sedang diperbaiki |
| **タガログ語** | Kinukumpuni |
| **クメール語** | កំពុងជួសជុល |

# Ⅰ. 表示・標識の用語

| | Koshôchû<br>こしょうちゅう<br>**故障中** |
|---|---|
| 英語 | Out of order |
| タイ語 | เสียหายอยู่ |
| インドネシア語 | Sedang rusak |
| タガログ語 | Sira |
| クメール語 | ខូចដំណើរការ |

| ※ | Aizu/Aizukakunin<br>あいず／あいずかくにん<br>**合図／合図確認** |
|---|---|
| 英語 | Signal / Watch for signal |
| タイ語 | ให้สัญญาณ/ตรวจสอบสัญญาณ |
| インドネシア語 | Tanda/pastikan tanda |
| タガログ語 | Senyas / Tiyakin ang senyas |
| クメール語 | ផ្ដល់សញ្ញា/ទទួលសញ្ញា |

## Sayû kakunin
### 左右確認
<small>さ ゆ う か く に ん</small>

| | |
|---|---|
| 英語 | Look both ways |
| タイ語 | มองซ้ายมองขวา |
| インドネシア語 | Lihat kiri/kanan |
| タガログ語 | Tiyakin ang kaliwa at kanan |
| クメール語 | ពិនិត្យឆ្វេងស្តាំ |

## Ichijiteishi
### 一時停止
<small>い ち じ て い し</small>

| | |
|---|---|
| 英語 | Stop |
| タイ語 | หยุด |
| インドネシア語 | Stop |
| タガログ語 | Pansamantalang huminto |
| クメール語 | ផ្អាកបណ្តោះអាសន្ន |

# Ⅰ. 表示・標識の用語

| ※ | Hogogu chakuyô |
|---|---|
|   | ほごぐちゃくよう **保護具着用** |

| 英語 | Wear protective equipment |
|---|---|
| タイ語 | สวมอุปกรณ์ป้องกัน |
| インドネシア語 | Pakai alat pelindung |
| タガログ語 | Magsuot ng kagamitang pamprotekta |
| クメール語 | ពាក់ឧបករណ៍ការពារ |

| ※ | Mimisen chakuyô |
|---|---|
|   | みみせんちゃくよう **耳栓着用** |

| 英語 | Wear ear protection |
|---|---|
| タイ語 | สวมที่อุดหู |
| インドネシア語 | Pakai pelindung telinga |
| タガログ語 | Magsuot ng pampasak sa tainga |
| クメール語 | ពាក់ឆ្នុកត្រចៀក |

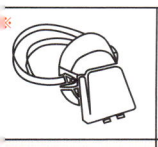

| | Bôjinmasuku chakuyô<br>ぼうじんますくちゃくよう<br>**防じんマスク着用** |
|---|---|
| 英語 | Wear dust mask. |
| タイ語 | สวมหน้ากากกันฝุ่น |
| インドネシア語 | Pakai masker debu |
| タガログ語 | Magsuot ng dust mask |
| クメール語 | ពាក់ម៉ាសការពារកម្ទេចភាគល្អិត |

| | Bôdokumasuku chakuyô<br>ぼうどくますくちゃくよう<br>**防毒マスク着用** |
|---|---|
| 英語 | Wear gas mask |
| タイ語 | สวมหน้ากากกันสารพิษ |
| インドネシア語 | Pakai masker gas |
| タガログ語 | Magsuot ng gas mask |
| クメール語 | ពាក់ម៉ាសការពារសារធាតុពុល |

# Ⅰ. 表示・標識の用語

| | Hogomegane chakuyô<br>ほごめがねちゃくよう<br>**保護めがね着用** |
|---|---|
| 英語 | Wear safety goggles |
| タイ語 | สวมแว่นตานิรภัย |
| インドネシア語 | Pakai kacamata pelindung |
| タガログ語 | Magsuot ng salaming pamprotekta |
| クメール語 | ពាក់វ៉ែនតាការពារ |

| | Anzentai chakuyô<br>あんぜんたいちゃくよう<br>**安全帯着用** |
|---|---|
| 英語 | Wear safety belt |
| タイ語 | สวมเข็มขัดนิรภัย |
| インドネシア語 | Pakai sabuk pengaman |
| タガログ語 | Magsuot ng sinturong pangkaligtasan |
| クメール語 | ពាក់ខ្សែក្រវ៉ាត់សុវត្ថិភាព |

| 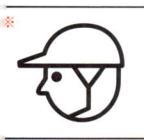 | Hogobô chakuyô<br>ほごぼうちゃくよう<br>**保護帽着用** |
|---|---|
| 英語 | Wear safety helmet |
| タイ語 | สวมหมวกนิรภัย |
| インドネシア語 | Pakai topi pelindung |
| タガログ語 | Magsuot ng helmet na pamprotekta |
| クメール語 | ពាក់មួកការពារ |

|  | Tebukuro chakuyô<br>てぶくろちゃくよう<br>**手袋着用** |
|---|---|
| 英語 | Wear protective gloves |
| タイ語 | สวมถุงมือ |
| インドネシア語 | Pakai sarung tangan |
| タガログ語 | Magsuot ng guwantes |
| クメール語 | ពាក់ស្រោមដៃ |

# Ⅰ. 表示・標識の用語

| | Anzengutsu chakuyô<br>あんぜんぐつちゃくよう<br>**安全靴着用** |
|---|---|
| 英語 | Wear safety shoes |
| タイ語 | สวมรองเท้านิรภัย |
| インドネシア語 | Pakai sepatu pengaman |
| タガログ語 | Magsuot ng sapatos na pangkaligtasan |
| クメール語 | ពាក់ស្បែកជើងសុវត្ថិភាព |

| | Tearai reikô<br>てあらいれいこう<br>**手洗い励行** |
|---|---|
| 英語 | Wash your hands |
| タイ語 | กรุณาล้างมือ |
| インドネシア語 | Cuci tangan Anda |
| タガログ語 | Maghugas ng kamay |
| クメール語 | សូមលាងដៃ |

| 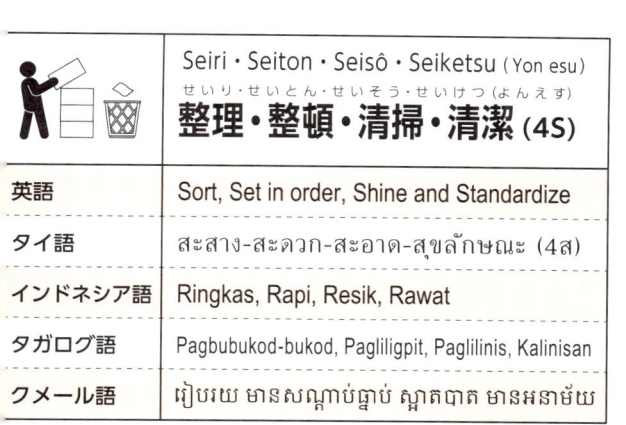 | Seiri・Seiton・Seisô・Seiketsu (Yon esu)<br>せいり・せいとん・せいそう・せいけつ (よんえす)<br>**整理・整頓・清掃・清潔 (4S)** |
|---|---|
| **英語** | Sort, Set in order, Shine and Standardize |
| **タイ語** | สะสาง-สะดวก-สะอาด-สุขลักษณะ (4ส) |
| **インドネシア語** | Ringkas, Rapi, Resik, Rawat |
| **タガログ語** | Pagbubukod-bukod, Pagliligpit, Paglilinis, Kalinisan |
| **クメール語** | រៀបរយ មានសណ្ដាប់ធ្នាប់ ស្អាតបាត មានអនាម័យ |

| 安全通路 | Anzen tsûro<br>あんぜんつうろ<br>**安全通路** |
|---|---|
| **英語** | Safety aisle |
| **タイ語** | ทางเดินปลอดภัย |
| **インドネシア語** | Jalan lintasan aman |
| **タガログ語** | Ligtas na pasilyo |
| **クメール語** | ផ្លូវសុវត្ថិភាព |

# I. 表示・標識の用語

|  | Hijôguchi<br>ひじょうぐち<br>**非常口** |
|---|---|
| 英語 | Emergency exit |
| タイ語 | ประตูฉุกเฉิน |
| インドネシア語 | Pintu darurat |
| タガログ語 | Labasang pang-emergency |
| クメール語 | ច្រកអាសន្ន |

|  | Hijôkaidan<br>ひじょうかいだん<br>**非常階段** |
|---|---|
| 英語 | Emergency staircase |
| タイ語 | บันไดฉุกเฉิน |
| インドネシア語 | Tangga darurat |
| タガログ語 | Hagdanang pang-emergency |
| クメール語 | ជណ្តើរអាសន្ន |

| | Kyûgosho<br>きゅうごしょ<br>**救護所** |
|---|---|
| 英語 | First-aid station |
| タイ語 | จุดปฐมพยาบาล |
| インドネシア語 | Tempat P3K |
| タガログ語 | Himpilang pang-first aid |
| クメール語 | ទីសង្គ្រោះបន្ទាន់ |

| | Kyûkyûbako<br>きゅうきゅうばこ<br>**救急箱** |
|---|---|
| 英語 | First-aid kit |
| タイ語 | ชุดปฐมพยาบาล |
| インドネシア語 | Kotak P3K |
| タガログ語 | First aid kit |
| クメール語 | ប្រអប់សង្គ្រោះបន្ទាន់ |

# Ⅰ. 表示・標識の用語

| | Shôkaki<br>しょうかき<br>**消火器** |
|---|---|
| 英語 | Fire extinguisher |
| タイ語 | ถังดับเพลิง |
| インドネシア語 | Alat pemadam api |
| タガログ語 | Pamatay-sunog |
| クメール語 | ឧបករណ៍ពន្លត់អគ្គីភ័យ |

| | Shôkasen<br>しょうかせん<br>**消火栓** |
|---|---|
| 英語 | Fire hydrant |
| タイ語 | หัวจ่ายน้ำดับเพลิง |
| インドネシア語 | Hidran pemadam kebakaran |
| タガログ語 | Boka insendiyo |
| クメール語 | ប្រភពទឹកសម្រាប់ពន្លត់អគ្គីភ័យ |

| | Kinkyûyô shawâ<br>きんきゅうようしゃわー<br>**緊急用シャワー** |
|---|---|
| 英語 | Emergency shower |
| タイ語 | ชำระล้างฉุกเฉิน |
| インドネシア語 | Shower untuk darurat |
| タガログ語 | Shower na pang-emergency |
| クメール語 | ផ្កាឈូកប្រើពេលអាសន្ន |

| | Senganki<br>せんがんき<br>**洗眼器** |
|---|---|
| 英語 | Eye washer |
| タイ語 | อ่างล้างตา |
| インドネシア語 | Alat pencuci mata |
| タガログ語 | Panghugas ng mata |
| クメール語 | ឧបករណ៍លាងភ្នែក |

# I. 表示・標識の用語

| | Kasai keihôki<br>か さ い け い ほ う き<br>火災警報器 |
|---|---|
| 英語 | Fire alarm |
| タイ語 | อุปกรณ์เตือนอัคคีภัย |
| インドネシア語 | Alarm kebakaran |
| タガログ語 | Alarma sa sunog |
| クメール語 | ឧបករណ៍ប្រកាសអាសន្នអំពីអគ្គីភ័យ |

# ◖. 事故の型・疾病・危険有害要因

| | Tsuiraku<br>ついらく<br>**墜落** |
|---|---|
| 英語 | Falling（Fall from high place） |
| タイ語 | ตกจากที่สูง |
| インドネシア語 | Jatuh dari tempat tinggi |
| タガログ語 | Pagbagsak (mula sa mataas na lugar) |
| クメール語 | ការធ្លាក់ |

| | Tenraku<br>てんらく<br>**転落** |
|---|---|
| 英語 | Falling（Fall down slope） |
| タイ語 | ตกจากทางลาดชัน |
| インドネシア語 | Jatuh dari tanjakan |
| タガログ語 | Pagkahulog (mula sa slope) |
| クメール語 | ការរអិលធ្លាក់ |

# Ⅱ. 事故の型・疾病・危険有害要因

| | Tentô<br>て ん と う<br>**転倒** |
|---|---|
| 英語 | Stumble |
| タイ語 | สะดุด |
| インドネシア語 | Tersandung jatuh |
| タガログ語 | Pagkatumba |
| クメール語 | ការចំពប់ជើងជួល |

| | Gekitotsu<br>げ き と つ<br>**激突** |
|---|---|
| 英語 | Collision |
| タイ語 | ชนปะทะ |
| インドネシア語 | Terbentur |
| タガログ語 | Pagkabangga |
| クメール語 | ការប៉ះទង្គិច |

| | Hirai<br>ひ　ら　い<br>飛来 |
|---|---|
| 英語 | Object comes flying |
| タイ語 | ลอยพุ่งมาชน |
| インドネシア語 | Benda terlempar |
| タガログ語 | Pagtama sa katawan ng bagay na napalipad |
| クメール語 | ការប៉ះត្រូវវត្ថុហោះពីចម្ងាយ |

| | Rakka<br>ら　っ　か<br>落下 |
|---|---|
| 英語 | Falling object |
| タイ語 | ของตกใส่ |
| インドネシア語 | Benda jatuh |
| タガログ語 | Pagbagsak ng gamit |
| クメール語 | ការប៉ះត្រូវវត្ថុធ្លាក់ចុះមក |

# Ⅱ. 事故の型・疾病・危険有害要因

| | Hasamare<br>は さ ま れ<br>## はさまれ | |
|---|---|---|
| 英語 | Caught in | |
| タイ語 | ถูกหนีบ | |
| インドネシア語 | Terjepit | |
| タガログ語 | Pagkaipit | |
| クメール語 | ការគាបជាប់ | |

| | Makikomare<br>ま き こ ま れ<br>## 巻き込まれ | |
|---|---|---|
| 英語 | Rolled in | |
| タイ語 | ถูกดูดเข้าไป | |
| インドネシア語 | Tergulung masuk | |
| タガログ語 | Pagkasabit | |
| クメール語 | ការរុម្ុលចូល | |

|  | Kire<br>き　れ<br>**切れ** |
|---|---|
| 英語 | Cut |
| タイ語 | ถูกบาด |
| インドネシア語 | Teriris |
| タガログ語 | Pagkahiwa |
| クメール語 | ការមុត |

| | Kosure<br>こ　す　れ<br>**こすれ** |
|---|---|
| 英語 | Abrasion |
| タイ語 | เสียดสีถลอก |
| インドネシア語 | Tergores |
| タガログ語 | Pagkagasgas |
| クメール語 | ការកកិត |

## Ⅱ. 事故の型・疾病・危険有害要因

| | Yôtsû<br>ようつう<br>**腰痛** |
|---|---|
| 英語 | Low back pain |
| タイ語 | ปวดเอว |
| インドネシア語 | Sakit pinggang |
| タガログ語 | Pananakit ng likod |
| クメール語 | ឈឺចង្កេះ |

| | Netchûshô<br>ねっちゅうしょう<br>**熱中症** |
|---|---|
| 英語 | Heat stroke |
| タイ語 | เป็นลมแดด |
| インドネシア語 | Sengatan panas |
| タガログ語 | Heat stroke |
| クメール語 | មិនស្រួលខ្លួនដោយសារកម្ដៅក្ដៅខ្លាំង |

|  | Sanketsu(Sanso ketsubôshô)<br><ruby>酸<rt>さん</rt></ruby><ruby>欠<rt>けつ</rt></ruby>（<ruby>酸<rt>さん</rt></ruby><ruby>素<rt>そ</rt></ruby><ruby>欠<rt>けつ</rt></ruby><ruby>乏<rt>ぼう</rt></ruby><ruby>症<rt>しょう</rt></ruby>）<br>**酸欠（酸素欠乏症）** |
|---|---|
| 英語 | Anoxia |
| タイ語 | ภาวะขาดออกซิเจน |
| インドネシア語 | Kekurangan oksigen |
| タガログ語 | Kakulangan ng oxygen (Anoxia) |
| クメール語 | អាការៈខ្វះអុកស៊ីសែន |

|  | Chûdoku<br><ruby>中<rt>ちゅう</rt></ruby><ruby>毒<rt>どく</rt></ruby><br>**中毒** |
|---|---|
| 英語 | Poisoning |
| タイ語 | สัมผัสสารพิษ |
| インドネシア語 | Keracunan |
| タガログ語 | Pagkalason |
| クメール語 | ការពុល |

Bakuhatsubutsu

ばくはつぶつ
## 爆発物

| | |
|---|---|
| 英語 | Explosives |
| タイ語 | วัตถุระเบิด |
| インドネシア語 | Bahan peledak |
| タガログ語 | Mga pampasabog |
| クメール語 | សារធាតុផ្ទុះ |

Kanenbutsu

かねんぶつ
## 可燃物

| | |
|---|---|
| 英語 | Combustible |
| タイ語 | วัตถุไวไฟ |
| インドネシア語 | Mudah terbakar |
| タガログ語 | Mga bagay na madaling magliyab |
| クメール語 | វត្ថុងាយឆេះ |

| | Inkasei<br>いんかせい<br>**引火性** | | |
|---|---|---|---|
| 英語 | Flammable | | |
| タイ語 | ติดไฟง่าย | | |
| インドネシア語 | Mudah menyala | | |
| タガログ語 | Madaling magningas | | |
| クメール語 | ឆាបឆេះងាយ | | |

| | Kayakurui<br>かやくるい<br>**火薬類** | | |
|---|---|---|---|
| 英語 | Explosives | | |
| タイ語 | วัตถุประเภทดินปืน | | |
| インドネシア語 | Jenis peledak | | |
| タガログ語 | Mga eksplosibo | | |
| クメール語 | រំសេវ | | |

# Ⅱ. 事故の型・疾病・危険有害要因

| | Kihatsusei<br>き は つ せい<br>**揮発性** | |
|---|---|---|
| 英語 | Volatile | |
| タイ語 | ระเหยง่าย | |
| インドネシア語 | Volatilitas | |
| タガログ語 | Madaling sumingaw | |
| クメール語 | សារធាតុហើរ | |

| | Yûgaibutsu<br>ゆ う がい ぶつ<br>**有害物** | |
|---|---|---|
| 英語 | Harmful substance | |
| タイ語 | วัตถุอันตราย | |
| インドネシア語 | Substansi berbahaya | |
| タガログ語 | Mga bagay na nakapipinsala | |
| クメール語 | សារធាតុគ្រោះថ្នាក់ | |

| | Yûkiyôzai<br>ゆうきようざい<br>**有機溶剤** |
|---|---|
| 英語 | Organic solvent |
| タイ語 | สารละลายอินทรีย์ |
| インドネシア語 | Pelarut organik |
| タガログ語 | Organikong pantunaw |
| クメール語 | សារធាតុរំលាយសរីរាង្គ |

|  | Kôon jôki<br>こうおんじょうき<br>**高温蒸気** |
|---|---|
| 英語 | High temperature steam |
| タイ語 | ไอน้ำอุณหภูมิสูง |
| インドネシア語 | Uap suhu tinggi |
| タガログ語 | Singaw na mataas ang temperatura |
| クメール語 | ចំហាយក្តៅ |

# Ⅱ. 事故の型・疾病・危険有害要因

| | Kôatsu gasu<br>こうあつがす<br>**高圧ガス** |
|---|---|
| 英語 | Pressurized gas |
| タイ語 | แก๊สแรงดันสูง |
| インドネシア語 | Gas tekanan tinggi |
| タガログ語 | Gas na mataas ang presyon |
| クメール語 | ឧស្ម័នសម្ពាធខ្ពស់ |

| | Kôatsu denryû<br>こうあつでんりゅう<br>**高圧電流** |
|---|---|
| 英語 | High-voltage current |
| タイ語 | ไฟฟ้าแรงสูง |
| インドネシア語 | Arus tegangan tinggi |
| タガログ語 | Kuryenteng mataas ang boltahe |
| クメール語 | ចរន្តអគ្គីសនីសកង់ស្យងខ្ពស់ |

| | |
|---|---|
| ━CO━ | Issankatanso<br>いっさんかたんそ<br># 一酸化炭素 |
| 英語 | Carbon monoxide |
| タイ語 | คาร์บอนมอนอกไซด์ |
| インドネシア語 | Karbon monoksida |
| タガログ語 | Carbon monoxide |
| クメール語 | កាបូនម៉ូណុកអុកស៊ីត |

| | |
|---|---|
| | Funjin<br>ふんじん<br># 粉じん |
| 英語 | Floating dust |
| タイ語 | ฝุ่นละออง |
| インドネシア語 | Debu |
| タガログ語 | Pinong alikabok |
| クメール語 | កម្ទេចភាគល្អិត |

## Ⅱ. 事故の型・疾病・危険有害要因

| | Sôon そうおん **騒音** |
|---|---|
| 英語 | Noise |
| タイ語 | เสียงดัง |
| インドネシア語 | Kebisingan |
| タガログ語 | Ingay |
| クメール語 | សម្លេងខ្លាំង |

| | Shindô しんどう **振動** |
|---|---|
| 英語 | Vibration |
| タイ語 | สั่นสะเทือน |
| インドネシア語 | Getaran |
| タガログ語 | Panginginig |
| クメール語 | រំញ័រ |

|  | Hôshasen<br>ほうしゃせん<br>**放射線** |
|---|---|
| **英語** | Radiation |
| **タイ語** | รังสี |
| **インドネシア語** | Radiasi |
| **タガログ語** | Radyasyon |
| **クメール語** | វិទ្យុសកម្ម |

## Ⅲ. 安全衛生一般

### 安全第一
Anzen daiichi<br>あんぜんだいいち

| 英語 | Safety First |
|---|---|
| タイ語 | ปลอดภัยไว้ก่อน |
| インドネシア語 | Utamakan keselamatan |
| タガログ語 | Kaligtasan muna |
| クメール語 | សុវត្ថិភាពជាចម្បង |

### 危険予知 (KY)
Kiken yochi<br>きけんよち

| 英語 | Risk prediction |
|---|---|
| タイ語 | การคาดการณ์ภัยอันตราย |
| インドネシア語 | Prediksi bahaya |
| タガログ語 | Pagtaya ng panganib |
| クメール語 | ការព្យាករណ៍អំពីគ្រោះថ្នាក់ |

### ゼロ災
Zerosai<br>ぜろさい

| 英語 | Zero accidents |
|---|---|
| タイ語 | อุบัติเหตุเป็นศูนย์ |
| インドネシア語 | Kecelakaan nol |
| タガログ語 | Serong aksidente |
| クメール語 | គ្រោះថ្នាក់សូន្យ |

### 労働災害
Rôdôsaigai<br>ろうどうさいがい

| 英語 | Industrial accident |
|---|---|
| タイ語 | ภัยอันตรายจากการทำงาน |
| インドネシア語 | Kecelakaan kerja |
| タガログ語 | Aksidente sa trabaho |
| クメール語 | គ្រោះថ្នាក់ការងារ |

## 不安全行動

| 英語 | Unsafe behavior |
| --- | --- |
| タイ語 | การกระทำที่ไม่ปลอดภัย |
| インドネシア語 | Perilaku tidak aman |
| タガログ語 | Hindi ligtas na kilos |
| クメール語 | សកម្មភាពអសុវត្ថិភាព |

## 不安全状態

| 英語 | Unsafe conditions |
| --- | --- |
| タイ語 | สภาวะที่ไม่ปลอดภัย |
| インドネシア語 | Kondisi tidak aman |
| タガログ語 | Hindi ligtas na kalagayan |
| クメール語 | ស្ថានភាពអសុវត្ថិភាព |

## 作業主任者

| 英語 | Operations Chief |
| --- | --- |
| タイ語 | หัวหน้างาน |
| インドネシア語 | Chief operasi |
| タガログ語 | Tagapamahala ng operasyon |
| クメール語 | ប្រធានការងារ |

## 作業指揮者

| 英語 | Operation Leader |
| --- | --- |
| タイ語 | ผู้คุมงาน |
| インドネシア語 | Leader operasi |
| タガログ語 | Tagapamuno ng operasyon |
| クメール語 | អ្នកដឹកនាំការងារ |

# Ⅲ. 安全衛生一般

## 作業手順書
Sagyōtejunsho<br>さぎょうてじゅんしょ

| | |
|---|---|
| 英語 | Job instruction sheet |
| タイ語 | คู่มือขั้นตอนการทำงาน |
| インドネシア語 | Lembar instruksi kerja |
| タガログ語 | Manwal ng operasyon |
| クメール語 | ឯកសារស្ដីអំពីដំណាក់កាលនៃការងារ |

## 定期点検
Teiki tenken<br>ていきてんけん

| | |
|---|---|
| 英語 | Periodic inspection |
| タイ語 | การตรวจสอบตามกำหนดเวลา |
| インドネシア語 | Inspeksi berkala |
| タガログ語 | Regular na inspeksyon |
| クメール語 | ការត្រួតពិនិត្យជាប្រចាំ |

## 作業前点検
Sagyozen tenken<br>さぎょうぜんてんけん

| | |
|---|---|
| 英語 | Inspections prior to operation |
| タイ語 | การตรวจสอบก่อนเริ่มงาน |
| インドネシア語 | Inspeksi sebelum operasi |
| タガログ語 | Inspeksyon bago ng operasyon |
| クメール語 | ការត្រួតពិនិត្យមុនចាប់ផ្ដើមការងារ |

## 安全パトロール
Anzen patorōru<br>あんぜんぱとろーる

| | |
|---|---|
| 英語 | Safety patrol |
| タイ語 | การตรวจตราความปลอดภัย |
| インドネシア語 | Patroli keselamatan |
| タガログ語 | Patrolyang pangkaligtasan |
| クメール語 | ការដើរល្បាតពិនិត្យសុវត្ថិភាព |

## ヒヤリハット

Hiyarihatto
ひやりはっと

| 英語 | Barely avoided accident / Near miss accident |
|---|---|
| タイ語 | เฉียดอุบัติเหตุ |
| インドネシア語 | Nyaris kecelakaan |
| タガログ語 | Muntik-muntikang aksidente |
| クメール語 | កំហុសធ្វេសប្រហែស |

## 報・連・相（報告・連絡・相談）

Hô・Ren・Sô (Hôkoku・Renraku・Sôdan)
ほう・れん・そう（ほうこく・れんらく・そうだん）

| 英語 | Reporting, contacting, and consulting |
|---|---|
| タイ語 | โฮ-เร็น-โซ (รายงาน-ติดต่อ-ปรึกษา) |
| インドネシア語 | Melapor, menghubungi dan konsultasi |
| タガログ語 | Pag-uulat, pakikipag-ugnayan, pakikipagkonsulta |
| クメール語 | រាយការណ៍・ទំនាក់ទំនង・ពិគ្រោះយោបល់ |

## 止める・呼ぶ・待つ

Tomeru・Yobu・Matsu
とめる・よぶ・まつ

| 英語 | Stop, call and wait |
|---|---|
| タイ語 | หยุด-เรียก-รอ |
| インドネシア語 | Stop, panggil dan tunggu |
| タガログ語 | Huminto, Tumawag, Maghintay |
| クメール語 | បញ្ឈប់・ហៅ・រង់ចាំ |

## 指差し呼称

Yubisashi kosyô
ゆびさしこしょう

| 英語 | Point and call |
|---|---|
| タイ語 | ชี้นิ้วและขานออกเสียง |
| インドネシア語 | Menunjuk dan menyebutkan |
| タガログ語 | Pagturo at pagsabi ng pangalan (ng gamit) |
| クメール語 | ចង្អុលនិងបព្ចេញសម្លេង |

## 朝礼／始業前ミーティング
Chôrei/Shigyôzenmîteingu
ちょうれい／しぎょうぜんみーてぃんぐ

| | |
|---|---|
| 英語 | Morning meeting / Start-up meeting |
| タイ語 | ประชุมเช้า/ประชุมก่อนเริ่มงาน |
| インドネシア語 | Meeting pagi/meeting sebelum kerja |
| タガログ語 | Pagpupulong sa umaga / Pagpupulong bago magsimula ng trabal |
| クメール語 | ការប្រជុំពេលព្រឹក/ការប្រជុំមុនចាប់ផ្តើមការងារ |

## 安全装置
Anzensôch
あんぜんそうち

| | |
|---|---|
| 英語 | Safety device |
| タイ語 | อุปกรณ์นิรภัย |
| インドネシア語 | Perangkat pengaman |
| タガログ語 | Aparatong pangkaligtasan |
| クメール語 | ឧបករណ៍សុវត្ថិភាព |

## 非常（緊急）停止ボタン
Hijô(kinkyû)teishibotar
ひじょう（きんきゅう）ていしぼたん

| | |
|---|---|
| 英語 | Emergency stop button |
| タイ語 | ปุ่มหยุดฉุกเฉิน |
| インドネシア語 | Tombol stop darurat |
| タガログ語 | Pindutan para sa emergency stop |
| クメール語 | ប៊ូតុងឈប់បញ្ឈប់ពេលអាសន្ន(បន្ទាន់) |

## ガード／安全柵
Gâdo/Anzensaku
がーど／あんぜんさく

| | |
|---|---|
| 英語 | Guard / safety fence |
| タイ語 | เครื่องกั้น/รั้วป้องกัน |
| インドネシア語 | Pagar pengaman |
| タガログ語 | Panabing / Bakod na pangkaligtasan |
| クメール語 | របងការ៉ា/របងសុវត្ថិភាព |

# 安全カバー

| 英語 | Safety cover |
|---|---|
| タイ語 | อุปกรณ์คลุมป้องกัน |
| インドネシア語 | Tutup pengaman |
| タガログ語 | Takip na pangkaligtasan |
| クメール語 | គម្របសុវត្ថិភាព |

# インターロック

| 英語 | Interlock |
|---|---|
| タイ語 | ระบบอินเตอร์ล็อค |
| インドネシア語 | Interlock |
| タガログ語 | Interlock |
| クメール語 | ប្រព័ន្ធសុវត្ថិភាពស្វ័យប្រវត្តិ |

# 光線式安全装置

| 英語 | Photoelectronic safety device |
|---|---|
| タイ語 | อุปกรณ์นิรภัยประเภทแสงเลเซอร์ |
| インドネシア語 | Perangkat pengaman fotoelektronik |
| タガログ語 | Aparatong pangkaligtasan na photoelectronic |
| クメール語 | ឧបករណ៍សុវត្ថិភាពដោយប្រើកាំរស្មី |

# 両手操作式安全装置

| 英語 | Two-handed safety device |
|---|---|
| タイ語 | อุปกรณ์นิรภัยประเภทควบคุมด้วยสองมือ |
| インドネシア語 | Perangkat pengaman dua tangan |
| タガログ語 | Aparatong pangkaligtasan na ginagamitan ng dalawang kamay |
| クメール語 | ឧបករណ៍សុវត្ថិភាពដោយប្រើដៃទាំងពីរ |

# 索 引